CB074226

DA ARTE DAS ARMADILHAS

ANA MARTINS MARQUES

Da arte das armadilhas

4ª reimpressão

COMPANHIA DAS LETRAS

Copyright © 2011 by Ana Martins Marques

*Grafia atualizada segundo o Acordo Ortográfico
da Língua Portuguesa de 1990,
que entrou em vigor no Brasil em 2009.*

Capa
Kiko Farkas/ Máquina Estúdio

Edição
Heloisa Jahn

Revisão
Carmen S. da Costa
Mariana Zanini

Dados Internacionais de Catalogação na Publicação (CIP)
(Câmara Brasileira do Livro, SP, Brasil)

Marques, Ana Martins
    Da arte das armadilhas / Ana Martins Marques — São Paulo :
Companhia das Letras, 2011.

ISBN 978-85-359-1964-6

1. Poesia brasileira I. Título.

11-09506   CDD-869.91

    Índice para catálogo sistemático:
    1. Poesia : Literatura brasileira 869.91

Todos os direitos desta edição reservados à
EDITORA SCHWARCZ S.A.
Rua Bandeira Paulista, 702, cj. 32
04532-002 — São Paulo — SP
Telefone: (11) 3707-3500
www.companhiadasletras.com.br
www.blogdacompanhia.com.br
facebook.com/companhiadasletras
instagram.com/companhiadasletras
twitter.com/cialetras

Sumário

entre a casa/ e o acaso, 9

INTERIORES
Açucareiro, 13
Cadeira, 14
Fruteira, 15
Cristaleira, 15
Talheres, 16
Cômoda, 17
Estante, 17
Cortina, 17
Capacho, 18
Canteiro, 18
Torneira, 18
Banheiro, 19
Varal, 20
Regador, 21
Pimenteira, 21
Espelho, 22
Relógio, 23

DA ARTE DAS ARMADILHAS
A linguagem/ sem cessar, 31
Falésias, 33
A descoberta do mundo, 34

Teatro, 35
Arapucas, 36
Mãos, 37
A estrela, 38
Carta a Safo, 39
Caçada, 41
Ícaro (1), 42
A queda, 43
Mitológicas, 44
Penélope, 45
O perde-pérolas, 47
Do que eu fiz hoje, 48
1977, 49
Lado a lado, 51
Fotografia, 52
Cinema, 53
Parangolé, 54
Resistência à teoria, 56
Lapso, 57
Três postais, 59
Atlas, 62
Torna-viagem, 63
À beira-mar, 64
Naufrágio, 66
Sophia e o sol, 67
Ícaro (2), 69
Medição, 70
i like my body, 71
A um passante, 72
Ratoeira, 73

Nós, 74
A festa, 75
A partilha, 76
Poema de amor, 77
O brinco, 80
Da arte das armadilhas, 83

entre a casa
e o acaso

entre a jura
e os jogos

entre a volta
e as voltas

a morada
e o mar

penélopes
e circes

entre a ilha
e o ir-se

INTERIORES

AÇUCAREIRO

De amargo
basta
o amor

Agridoce,
ela disse

Mas a mim
pareceu
amargo

CADEIRA

I

Repetes
diariamente
os gestos
do primeiro homem
que se sentou
numa tarde quente
olhando as savanas

II

Pouso
de gigantescos pássaros
cansados

FRUTEIRA

Quem se lembrou de pôr sobre a mesa
essas doces evidências
da morte?

CRISTALEIRA

Guarda
e revela
a nudez
branca
da louça
o incêndio
despareado
dos cristais

TALHERES

Colher

Se o sol nela
batesse
em cheio
por exemplo
numa mesa posta
no jardim
imediatamente se formaria
um pequeno lago
de luz

Garfo

Em três ramos
floresce
o metal

Faca

Sua fria elegância
não escamoteia
o fato:
é ela que melhor se presta
ao assassinato

CÔMODA

E dela
o que restou
senão
sobre a cômoda
um par de brincos
que talvez não sejam dela?

ESTANTE

Dentro da garrafa
o navio
acaba de partir

CORTINA

Entre o fora e o dentro
lês
o vento

CAPACHO

Home
sweet
rua

CANTEIRO

Onde a casa cresce
sem projetos
ao sabor do sol
das sombras
e atenta
ao noticiário
das nuvens

TORNEIRA

Quem abre a torneira
convida a entrar
o lago
o rio
o mar

BANHEIRO (BANHO DE XAMPU)

d'après Elizabeth Bishop,
com alguma coisa de Adília Lopes

Sem lembrança
de liquens
ou memória
do mar
de pé
sozinha
no banheiro
do apartamento
sem pretexto
para o pranto
— *no more tears*
rosnam os rótulos
da Johnson & Johnson —
lavo eu mesma
meus cabelos
curtos
que um dia
você lavou
numa bacia
enquanto
pelo basculante
baço
como ela mesma
a amassada
lua
brilha

VARAL

Suas camisetas
colorem
o vento

*

Seus jeans
atualizam
a paisagem

*

Sua camisa branca
rendida
com
ao fundo
a noite
ampla

REGADOR

Num canto do jardim
onde alguém o esqueceu
pronto, ereto, o regador
aponta para o sol

embaraçadas por dentro
flores rápidas ou lentas
florem
findam

PIMENTEIRA

A pequena área de sol
do apartamento
cabe a ela:
ela guarda
o sol
em seu coração
rubro
ruim
e no prato
que repartimos
devolve-nos hoje
ardente
o sol
de ontem

ESPELHO

> *d'après* e. e. cummings

Nos cacos
do espelho
quebrado
você se
multiplica
há um de
você
em cada
canto
repetido
em cada
caco

Por que
quebrá-
-lo
seria
azar?

RELÓGIO

De que nos serviria
um relógio?

se lavamos as roupas brancas:
é dia

as roupas escuras:
é noite

se partes com a faca uma laranja
em duas:
dia

se abres com os dedos um figo
maduro:
noite

se derramamos água:
dia

se entornamos vinho:
noite

quando ouvimos o alarme da torradeira
ou a chaleira como um pequeno animal
que tentasse cantar:
dia

quando abrimos certos livros lentos
e os mantemos acesos
à custa de álcool, cigarros, silêncio:
noite

se adoçamos o chá:
dia

se não o adoçamos:
noite

se varremos a casa ou a enceramos:
dia

se nela passamos panos úmidos:
noite

se temos enxaquecas, eczemas, alergias:
dia

se temos febre, cólicas, inflamações:
noite

aspirinas, raio X, exame de urina:
dia

ataduras, compressas, unguentos:
noite

se esquento em banho-maria o mel que cristalizou
ou uso limões para limpar os vidros:
dia

se depois de comer maçãs
guardo por capricho o papel roxo-escuro:
noite

se bato claras em neve:
dia

se cozinho beterrabas grandes:
noite

se escrevemos a lápis em papel pautado:
dia

se dobramos as folhas ou as amassamos:
noite

(extensões e cimos:
dia

camadas e dobras:
noite)

se esqueces no forno um bolo
amarelo:
dia

se deixas a água fervendo
sozinha:
noite

se pela janela o mar está quieto
lerdo e engordurado
como uma poça de óleo:
dia

se está raivoso
espumando
como um cachorro hidrófobo:
noite

se um pinguim chega a Ipanema
e deitando-se na areia quente sente ferver
seu coração gelado:
dia

se uma baleia encalha na maré baixa
e morre pesada, escura,
como numa ópera, cantando:
noite

se desabotoas lentamente
tua camisa branca:
dia

se nos despimos com ânsia
criando em torno de nós um ardente círculo de panos:
noite

se um besouro verde brilhante bate repetidamente
contra o vidro:
dia

se uma abelha ronda a sala
desorientada pelo sexo:
noite

de que nos serviria
um relógio?

DA ARTE DAS ARMADILHAS

A linguagem
sem cessar
arma
armadilhas

O amor
sem cessar
arma
armadilhas

Resta saber
se as armadilhas
são as mesmas

Mas como sabê-lo
se somos nós
as presas?

Falésias

Hoje tivemos
um dia limpo
caminhamos e comemos
em silêncio

buscamos o ponto mais alto
da cidade e falamos
sobre uma casa
que não será construída

falamos sobre essa casa
implantada nas falésias
aberta
aos gritos do mar

falamos
dessa casa
cada vez mais improvável
onde nenhum de nós vai morar

voltamos em silêncio
eu pensando em certos bichos
que só se acasalam
com dificuldade

A descoberta do mundo

Procuro alcançar-te
com palavras
com palavras
conhecer-te

como quem
com uma lanterna e um mapa
crê empreender
a descoberta do mundo

levanto-me
estou sozinha no escuro
com os dois pés
no cimento frio

(onde estás
no que escrevi?)

Teatro

Certa noite
você me disse
que eu não tinha
coração

Nessa noite
aberta
como uma estranha flor
expus a todos
meu coração
que não tenho

Arapucas

Seguimos alegres e tristes
cheios de pensamentos
até o topo da cabeça

fechados de medo
próximos do mar
mas nunca o bastante

observando as coisas
afastarem-se de nós
como aves no inverno

chamando os peixes e as plantas
pelos nomes
que não têm

armando arapucas
onde os pássaros
caem cantando

Mãos

Separadas
pelo corpo
côncavas
cordatas
ásperas do contato
excessivo
com o mundo
agarram-se às coisas
soltas
agarram-se umas
às outras

*

Vagavam
vazias
vasculhando
vastas superfícies
ou esquecidas
sobre sítios
tristes

Até que chegaram
as suas

A estrela

Na noite
do seu corpo
a estrela
enlaça
o dragão

sereias cantam mudas
em seus braços

na sua pele
meu coração dorme
tatuado

eu sei:
você riscou-se
para que em seu corpo
eu
mais facilmente
encontrasse meu
caminho

Carta a Safo

perto   [   ]
escuta

] noite e cabelos [

...
inadvertidamente

é doce [   ]
era doce
porém
tu [ ]

entre automóveis e pássaros
queimarei para ti

longe   [   ]
escuta

diante [distante (?)] de ti

o [mesmo] mel
há milênios

teu corpo quebrado pelo amor
[   ] infinitas estrelas [sobre]
[uma] pequena praia

vem
veloz
[   ] escrita
[brilhando]
combater [comigo]
            [contra mim]

pequena
e no entanto

também ardo
[de desejo] por

nem céu
nem setas

Eros e
[outros] erros

mas para um tempo intenso
e sem cuidados
vigorosamente pelas tuas mãos
eu...

Caçada

E o que é o amor
senão a pressa
da presa
em prender-se?

A pressa
da presa
em
perder-se

Ícaro (1)

Somos os dois
incompatíveis
como a cera
e o sol

e no entanto
parecemo-nos
como se parecem
o açúcar e o sal

devemos
porém
deixar
de insistir

pois se até
Ícaro
caiu
em si

A queda

As palavras
faltam
quando mais
se precisa
delas
são apenas
a sombrinha
do equilibrista
ajudam
talvez
mas não salvam
faltam
quando mais
se precisa delas
se você cair
de uma grande altura
por mais bonita
que seja a sua sombrinha
não conte com ela
para amortecer
a queda

Mitológicas

*para Paulo Maia,
que me mostrou este mito bororo*

Mortos em águas calmas
conservam os cabelos lisos
mortos em águas revoltas
os trazem encaracolados.
Eu, que morri de amor,
tenho os cabelos negros
pois morri em águas turvas
tenho os cabelos longos
pois morri em águas fundas
— sigo descabelada.

Penélope

Teu nome
espaço

meu nome
espera

teu nome
astúcias

meu nome
agulhas

teu nome
nau

meu nome
noite

teu nome
ninguém

meu nome
também

num só gesto
reconhecer-te
e perder-te

O perde-pérolas

para Leonilson

Mãos de seda
coração de veludo

em navios de pano
ninguém escapa

beijos bordados
não são roubados

uma carta
para o corpo:

logo é tão
longe

(não o tempo
mas o sol
te arruinará
as asas)

o perde-pérolas

Penélope
és tu

Do que eu fiz hoje

pensar
despir-me

duas coisas
que eu fiz
hoje

as roupas
ficaram
pelo chão

os pensamentos,
não

1977

Outros arrastam
suas outras
feras

a ti coube
o silvo
o silêncio

(sina
sibilina)

o que sabe
a chão

o veneno
que só cura
o veneno

presa
das próprias
presas

a víbora
que te habita

o quanto te
cobra

Lado a lado

d'après Anna Akhmátova

Andamos juntos
lado a lado
mas sem nos tocar

os passos repetiam
os círculos
do jardim público

as coisas nas vitrines
as coisas que dissemos

naviforme
a lua
por cima

tantas vezes
ensaiamos a partida

mas nunca fomos bons
de despedida

Fotografia

Coloquei no quadro
uma fotografia sua
nesta mesma sala:
sentado na poltrona
vermelha
você levanta os olhos do livro
fingindo ter sido surpreendido

A uma certa hora do dia,
quando a luz se inclina
e as cores
caem para dentro
de si mesmas
você se parece
consigo

Cinema

Encontramos na rua
uma fileira de cadeiras
de um velho cinema
levamos para casa
colocamos na varanda
passamos toda a tarde
bebendo e fumando
assistindo passar
um dia qualquer

Parangolé

Entre
a casa
é sua

sua casa-
camisa

suas vestes-
vestíbulos

saia-
sala

chão-
chapéu

entre
a casa
é sua

corredor
para o corpo

escada
para o êxtase

vestido
com vista
para o mar

Resistência à teoria

Um galo de lã
não tece a manhã

flores de tecido
não brotam no vestido

mapas no fundo
não são o mundo

com nenhum nome
se mata a fome

as uvas tampouco
nascem na vinha
sob a luminosidade
da palavra dia

(podes ver
o amor
brilhando
entre as letras?)

Lapso

Como vestidos costurados
no corpo
deveriam ser
os nomes
e não
selos
meio soltos
etiquetas
errantes
peças com
encaixe
um pouco gasto
ou móveis precisando
de um calço

Vê por exemplo
como certas pessoas
ou mesmo algumas cidades
mudam de nome
por impulso revolucionário
ou mera vontade vadia
por desejo de recomeçar
ou exercício de esquecer

Soturna para Arealva
Porto dos Casais para Porto Alegre
Campo Místico para Bueno Brandão
Brejo das Almas para Francisco Sá
Monte Azul do Turvo para Monte Azul Paulista

Eu devia
costurar meu nome ao meu corpo
a minhas roupas
alinhavar por fim meu nome
em tua boca
para que nunca se despregasse
da memória
pobre botão
descosido
que
desatenta
(que deusa relapsa
darias
a descosturar
os astros)
trocas
por outro

Três postais

AMAZONAS

O mundo cheio
vazio

À beira da água
as núpcias da anta
e da vitória-régia

Peixe luminoso
água escura

Na primeira parada do barco
um enxame
de crianças antigas

SÃO PAULO

Depois de um tempo
todas as coisas ficam marcadas
como se estivessem
impregnadas de veneno

Há um tempo em que os lugares
são limpos e novos
abertos como clareiras
mas já não é este o tempo

Sobre cada lugar se sobrepõe
a experiência do lugar
como um selo
num cartão-postal

Por exemplo
hoje sempre que sobrevoo
São Paulo
penso que em algum apartamento
desta cidade interminável
você
fumando
de óculos
exerce seu direito
inalienável
de não mais pensar
em mim

BELO HORIZONTE

[1]

Um dia vou aprender a partir
vou partir
como quem fica

[2]

Um dia vou aprender a ficar
vou ficar
como quem parte

Atlas

sim
carregamos
o mundo
nas costas
o mundo
e as coisas
do mundo
as coisas
e os nomes
das coisas
sim
todos os mapas
e as palavras
como selos
soltando-se

Torna-viagem

meço mares

singro sereias

cego ciclopes

perco penélopes

cerco circes

serei meu

próprio

porto

À beira-mar

Se eu vivesse
à beira-mar
teria
outra cor
outros cabelos
outras maneiras
de ferir-me
ou alegrar-me
meu apartamento
meus sapatos
meus livros
minha boca
meus olhos
estariam cheios de areia
de céu de falésias
de gaivotas de água
eu me apaixonaria
por homens diferentes
e decerto aprenderia
a dançar
teria um senso de direção
mais apurado
gastaria meu dinheiro
com outras coisas
e as palavras

que eu usaria
seriam outras
talvez tivesse um altar
para anjos anfíbios
e obscuros deuses
do mar
talvez desse
festas
vestisse apenas
branco
gritasse com
os pássaros
talvez frequentasse
à tarde
a biblioteca municipal
teria outro ritmo
outro cheiro
outra velocidade
e pensaria no mar
de outro jeito
— eu perderia o mar
se o tivesse sempre por perto
como perco minhas canetas
meus guarda-chuvas meus isqueiros
essas coisas baratas
fáceis de encontrar?

Naufrágio

De dentro da noite
a cidade
expele automóveis
sirenes cães inquietos
galos prematuros

mais longe
cheio de plantas que são pedras
que são flores que são bichos
o mar bate
contra a praia

em torno da cama
como de um navio partido
nossas roupas nossos cigarros
nossos livros afogam-se
a seco

Sophia e o sol

> *Chego à praia e vejo que sou eu/ o dia branco.*
> Sophia de Mello Breyner Andresen

Dias vistos
de dentro
da distância

palavras
exclusivamente
de meio-dia

palavras de luz marinha
desembaçando os vidros
da manhã

(vigia
a praia
do dia)

armas brancas, armadilhas
e a branca solidão
das ilhas

mas, Sophia,
eu não sei estar
assim atenta

não posso olhar
o sol
de frente

Ícaro (2)

Nesta altura
dos acontecimentos
(pensou)
só espero poder
tocar o sol
antes
do solo

Medição

O coração
da baleia-azul
é do tamanho
de uma pequena casa

o primeiro coração
artificial
media o mesmo
que um fogão a gás

não muda nada
e no entanto
me agrada que caiba
em minhas mãos
o teu
e o meu
nas tuas

i like my body

> *i like my body when it is with your body.*
> e. e. cummings

o meu corpo tão mais bonito
junto ao seu
músculos, pelos
meus seus cabelos
encostados nossos
joelhos juntos
densos, compactos
acidentes de ossos
nos seus braços
os meus braços
tão melhores
mãos encontradas
ao acaso das vértebras
um caminho
áspero, liso
pela pele
(sua língua
lenta
entre
entra)
o meu corpo tão mais bonito
junto ao seu
côncavas, iguais
nossas bocas
se recebem

A um passante

Você é
o que passa
e deixa
seu rastro
o lugar
imantado
do fato
de que
nele
você
tenha
estado

Ratoeira

Dispara o gatilho
da espera

fechada a flor
do fora

corpo vibrátil
e então

um verso
capturado

um rato
morto

Nós

E cá
estamos
eu
pronome
tu
pronome
no lugar de
nós

(Ardendo
procuro teu corpo
mas só encontro palavras:
estas)

A festa

Procuramos um lugar
à parte.
Como se estivéssemos
em uma festa
e buscássemos um lugar
afastado
onde pudéssemos
secretamente
nos beijar.
Procuramos um lugar
a salvo
das palavras.

Mas esse
lugar
não há.

A partilha

d'après Joan Brossa, *Pequena apoteose*

Eu
e você

ao menos este poema
dividimos
meio a meio

Poema de amor

Este é um poema de amor

por isso nele
não poderá faltar
a menção a alguma
flor

e por isso digo
rosa
ou lírio
ou simplesmente
rubro,
        rubro

e espero as páginas
imantarem-se
de vermelho

por isso digo
febre
e noite
e fumo

para dizer
ansiedade e

desperdício de sêmen e de horas
e cigarros à janela
acesos como estrelas
com a noite numa ponta
e nós
consumindo-nos
na outra

este é
definitivamente
um poema de amor

por isso nele
devo dizer casa
e olhos
e neblina

e não devo dizer
que o amor é uma doença
uma doença do pensamento
uma desordem que põe tudo o mais
em desordem
uma perda que põe tudo
a perder

e porque é
um poema de amor
sob pena de ser devolvido
como uma carta sem destinatário
(e todos sabem que não se deve

brincar com os correios)
este poema deve dirigir-se
a alguém

porque a alguém o amor deve ferir
com sua pata negra

e então
à falta de outro
este poema
eu o dedico
(mas não tema,
o tempo
também nisso
porá termo)
a você

O brinco

Pode ser que como as estrelas
as coisas estejam separadas
por pequenos intervalos de tempo
pode ser que as nossas mãos
de um dia para o outro
deixem de caber
umas dentro das outras
pode ser que no caminho para o cinema
eu perca uma de minhas ideias
preferidas
e pode ser
que já na volta
eu me tenha resignado
alegremente
a essa perda
pode ser
que o meu reflexo sujo
no vidro da lanchonete
seja uma imagem de mim
mais exata
do que esta fotografia
mais exata do que a lembrança
que tem de mim
uma antiga colega de colégio
mais exata do que a ideia

que eu mesma
agora tenho de mim
e portanto pode ser
que a moça cansada
de olhos tristes
que trabalha na lanchonete
tenha de mim uma imagem
mais fiel
do que qualquer outra pessoa
pode ser que um gesto
um jeito de dobrar os lábios
te devolva
subitamente
toda a infância
do mesmo modo que uma xícara
pode valer uma viagem
e uma cadeira
pode equivaler a uma cidade
mas um cachorro estirado ao sol não é o sol
e uma quarta-feira não pode ser o mesmo
que uma vida inteira
pode ser
meu querido
que esquecendo em sua cama
meu brinco esquerdo
eu te obrigue mais tarde
a pensar em mim
ao menos por um momento
ao recolher o pequeno círculo
de prata

cujo peso
frio
você agora sente nas mãos
como se fosse
(mas ó tão inexato)
o meu amor

Da arte das armadilhas

O seu corpo para o meu:
seta,
precisamente

Inaudível
o mundo mudo
aciona o fecho
da flor

Há desilusão
mas não há
fuga

O caçador está preso
à presa

1ª EDIÇÃO [2011] 4 reimpressões

ESTA OBRA FOI COMPOSTA POR ACOMTE
EM MERIDIEN E IMPRESSA PELA GRÁFICA BARTIRA EM OFSETE
SOBRE PAPEL PÓLEN BOLD DA SUZANO S.A.
PARA A EDITORA SCHWARCZ EM MARÇO DE 2024

A marca FSC® é a garantia de que a madeira utilizada na fabricação do papel deste livro provém de florestas que foram gerenciadas de maneira ambientalmente correta, socialmente justa e economicamente viável, além de outras fontes de origem controlada.